BEI GRIN MACHT SICH IHR WISSEN BEZAHLT

- Wir veröffentlichen Ihre Hausarbeit, Bachelor- und Masterarbeit

- Ihr eigenes eBook und Buch - weltweit in allen wichtigen Shops

- Verdienen Sie an jedem Verkauf

Jetzt bei www.GRIN.com hochladen und kostenlos publizieren

Bibliografische Information der Deutschen Nationalbibliothek:

Die Deutsche Bibliothek verzeichnet diese Publikation in der Deutschen National-
bibliografie; detaillierte bibliografische Daten sind im Internet über http://dnb.d-
nb.de/ abrufbar.

Impressum:

Copyright © 2018 GRIN Verlag
Druck und Bindung: Books on Demand GmbH, Norderstedt Germany
ISBN: 9783668848139

Dieses Buch bei GRIN:

https://www.grin.com/document/449906

Stefanie Weber

Die Josefsgeschichte. Ihre erzählerische Linienführung und die theologischen Grundlinien

GRIN Verlag

GRIN - Your knowledge has value

Der GRIN Verlag publiziert seit 1998 wissenschaftliche Arbeiten von Studenten, Hochschullehrern und anderen Akademikern als eBook und gedrucktes Buch. Die Verlagswebsite www.grin.com ist die ideale Plattform zur Veröffentlichung von Hausarbeiten, Abschlussarbeiten, wissenschaftlichen Aufsätzen, Dissertationen und Fachbüchern.

Besuchen Sie uns im Internet:

http://www.grin.com/

http://www.facebook.com/grincom

http://www.twitter.com/grin_com

Die Josefsgeschichte – Ihre erzählerische Linienführung und die theologischen Grundlinien

Abgabetermin: 14.09.2018

Inhaltsverzeichnis

1. Einleitung

Bei der Auswahl eines geeigneten Textes für meine Hausarbeit hatte ich anfangs Schwierigkeiten, da mir mehrere Texte als gut geeignet vorkamen. Entschieden habe ich mich jedoch bewusst für die Josefsgeschichte. Bereits ein Seminar über die Josefsgeschichte im Sommersemester 2018 erweckte das Interesse meinerseits abermals, nachdem ich in der Kindheit von dieser Geschichte immer fasziniert war.

Jedoch war die Faszination als Kind eine andere. Heute ist die Novelle über Josef meiner Ansicht nach ein literarisch sehr gelungener Text, um nicht zu sagen, der gelungenste aus dem Alten Testament. Der hermeneutische Effekt ist in meinen Augen bei diesem Text besonders ausgeprägt. Als ich ihn das erste mal wieder im Seminar las, fielen mir die feinen stilistischen Mittel innerhalb des Textes noch nicht auf. Bei jedem weiteren Lesen des Textes stechen einem neue Informationen ins Auge, welche man vorher, beim Betrachten des selben Textes, nicht wahrnahm. Des Weiteren finde ich die Fragestellung, welche sich mir automatisch beim Lesen der Josefsgeschichte aufzeigt, nämlich welche Aussage damit über Gott getätigt wird, unglaublich spannend.

In der vorliegenden Hausarbeit versuche ich zunächst aufzuzeigen, wo die Josefsgeschichte im Alten Testament / im Pentateuch eingeordnet werden kann. Danach möchte ich explizit auf die literarischen Gegebenheiten des Textes eingehen, seine gattungsspezifische Form, den semantischen und stilistischen Aufbau und die Besonderheiten. Diese finden daher Platz in meiner Hausarbeit, da ich den Text, wie oben bereits erwähnt, auffallend beeindruckend geschrieben finde. Des Weiteren möchte ich in Kürze die historischen Gegebenheiten erläutern, die bei der Entstehung der Josefsgeschichte präsent waren.

Als nächster großer Teil der vorliegenden Hausarbeit wird die Josefsgeschichte an sich näher inspiziert. Es wird der Text nochmals in eigener Weise wiedergegeben und anschließend entsprechend eine kontextuelle Einordnung, sowie die Textkritik und eigene Textbeobachtungen vorgenommen. Nachfolgend kommt das Kernstück dieser Hausarbeit, die exegetische Betrachtung der Josefsgeschichte. Abschließen möchte ich die Hausarbeit mit einer theologischen Gesamtinterpretation, welche die Ergebnisse meiner Hausarbeit strukturiert darstellen soll. Die vorliegende Hausarbeit kann leider selbstverständlich nur in geringem Umfang detailliert werden, da es hierfür zu viele Informationen gibt, um sie auf dieser geringen Seitenanzahl exakt wiederzugeben.

2. Einordnung in den Zusammenhang

2.1. Einordnung in das Alte Testament / den Pentateuch

Die Heilige Schrift besteht im Christentum aus dem Alten Testament und dem Neuen Testament. Mit insgesamt 73 Büchern, nach katholischer Zählung, ist die Heilige Schrift sehr umfangreich. Das Alte Testament beinhaltet 46 Bücher, welche nochmals in vier Gruppen untergliedert werden können.[1]

In der jüdischen Tradition wird das Alte Testament als „Tanach" betitelt. Es leitet sich aus den Anfangsbuchstaben der jeweiligen Teile ab: Ta (=Tora *dt. Gesetz, Weisung*), Na (Nebiim *dt. Propheten*) und Ch (Ch = K = Ketubim *dt. Schriften*).[2] Das AT gliedert sich in die Bücher der Tora (auch Pentateuch genannt), Geschichtsbücher, Lehr- oder Weisheitsbücher und die Prophetenbücher.[3]

Die Josefsgeschichte ist im Pentateuch zu finden. Die jüdischen Formulierungen „die Tora" (vgl. Jos 1,7), „die Tora des Mose" (vgl. Mal 3,22) oder „Buch der Tora des Mose" (vgl. Jos 8,31) deuten die Vollständigkeit der Komposition der Bücher an. Die Bezeichnung „Pentateuch" (aus dem griechischen *dt. das fünfteilige Buch*) hingegen betont die Komposition der Bücher aus fünf Buchteilen. Der Pentateuch gliedert sich in die Bücher Genesis, Exodus, Levitikus, Numeri und Deuteronomium. Auch hier weicht die jüdische Tradition ein wenig ab. [4] Hier werden die Bücher nach ihren Anfangsworten im Buch benannt, so heißen sie Bereschit (*dt. im Anfang*), Schemot (*dt. Namen*), Wajikra (*dt. er rief*), Ba Midbar (*dt. in der Wüste*) und Dewarim (*dt. Worte*).[5] Im Christentum sind die Bücher zutreffender Weise nach den Überschriften der griechisch-lateinischen Übersetzung der Bibel benannt, welche den Inhalt des Buches erschließen lassen. So wird Genesis mit „Schöpfung" übersetzt, in diesem Buch werden sowohl die Urgeschichten (Gen 1 – 11), als auch die Vätergeschichten (Gen 12 – 50) erzählt. Hier finden wir die Josefsgeschichte, welche in dieser Hausarbeit weiter unten exegetisch betrachtet werden soll.[6] Exodus steht frei übersetzt für „Auszug", womit der Auszug des Volkes aus Ägypten gemeint ist. Levitikus meint die Gesetzgebung, Numeri die Zählung der Israeliten, da das vierte Buch Mose mit einer Volkszählung beginnt.

---

[1] http://www.katholisch.de/video/10364-was-ist-die-bibel
[2] Johannsen, Friedrich: Alttestamentliches Arbeitsbuch für Religionspädagogen, S. 13
[3] Zenger, Erich u.a.: Einleitung in das Alte Testament, S. 5-7
[4] Ebd. S. 61-62
[5] http://schule.judentum.de/projekt/Tora.htm
[6] https://www.bibelwissenschaft.de/bibelkunde/altes-testament/torapentateuch/genesis-1mose/

Das Deuteronomium wird mit „zweites Gesetz" übersetzt, da es in gewisser Weise eine Fortführung des ersten Gesetzes (Exodus 19 bis Numeri 10) darstellt.[7]

2.2. Gliederung und Aufbau der Josefsgeschichte

Die Josefsgeschichte ist eine literarische Erzählung, welche die Lebensgeschichte Josefs in Form einer antiken Biographie erzählt. Sie ist eine in sich abgeschlossene Erzählung, was meint, dass die Josefsgeschichte, ohne den vorherigen oder folgenden Teil der Bibel gelesen zu haben, trotzdem verstanden werden kann. Ein Handlungsbogen umfasst die gesamte Erzählung.[8]

Die Josefsgeschichte wird oft auch als Diasporanovelle angesehen, welche Ansicht wesentlich durch Arndt Meinhold geprägt wurde. Sie wurde somit auf gleiche Stufe mit dem Esterbuch und Teilen des Danielbuches gestellt.[9] Dass nicht jeder diese Ansicht auch vertreten konnte, entnehme ich dem Werk Seebass´, welcher sich in seinem Buch ausdrücklich gegen die Einordnung als „Diasporanovelle" ausspricht. Seine angeführte Argumentation hierfür beruht hauptsächlich auf der Feststellung, dass weder Kapitel 41, noch Teile des Kapitels 46 den Höhepunkt der Erzählung bilden. „Auch ist der Pharao geistesverwandt und sicher kein Unterdrücker."[10] Die Josefsgeschichte wird hier vielmehr in den heilsgeschichtlichen Hintergrund gerückt.[11]

Welche Ansicht hier nun eher zu vertreten wäre, möchte ich dem Leser dieser Hausarbeit gerne offenlassen. Außerdem kann es bei der hermeneutischen Betrachtung der Josefsgeschichte nicht schaden, mehrere -auch unterschiedliche- Blickwinkel einzunehmen. Die Josefsgeschichte wurde in dieser Hausarbeit nun schon öfters als „Novelle" bezeichnet. Sie unterliegt tatsächlich den meisten Kriterien einer Novelle, einer Erzählung, welche in Prosaform geschrieben wurde. Exemplarisch nenne ich hier einige: Es wird über einen Konflikt erzählt, der durch den Bruch von Normen entstand (die „Erhöhung" Josefs über seine älteren Brüder), die Handlung spitzt sich zu dem Höhepunkt in Form einer „unerhörten Begebenheit" zu, die meist den Wendepunkt der Handlung darstellt (der

---

[7] https://www.bibelwissenschaft.de/bibelkunde/altes-testament/torapentateuch/
[8] Schmitz, Barbara: Geschichte Israels, S.138 f
[9] https://www.bibelwissenschaft.de/wibilex/das-bibellexikon/lexikon/sachwort/anzeigen/details/josef-josefsgeschichte/ch/0d7afd33a5bdcf0036e276da4619b3f0/#h7
[10] Seebass, Horst: Josephsgeschichte, S. 10
[11] Ebd. S. 9 ff

Aufstieg Josefs in Ägypten) und die Hauptfigur der Novelle ist im Allgemeinen auf sich alleine gestellt (beispielsweise als Josef in den Brunnen geworfen wurde).[12]

Den narrativen Spannungsbogen kann man meiner Einsicht nach zwischen Gen 37,4 / Gen 37,7 bis hin zu Gen 50,21 / Gen 50,18 erkennen. Eröffnet wird die Dramaturgie durch den geschürten Hass der Brüder, u.a. auch durch Josefs Traum bezüglich der Niederwerfung der Garben der anderen vor Josefs. Den Schluss des Spannungsbogens bildet die endgültige Versöhnung zwischen Josef und seinen Brüdern. Dass es sich bei der Josefserzählung um eine in sich geschlossene Geschichte handelt, kann man auch an den jeweils mehrfach auftretenden Motiven erkennen. Meistens sind es Doppelungen, diese findet man beispielsweise im Kleidermotiv. Jakob schenkt Josef ein schönes Gewand, da er sein liebster Sohn ist. Des Weiteren zieht Josef sich ein besseres Gewand an, als er dem Pharao vorgeführt wird. Die Doppelungen finden sich nochmals bei den Träumen und der Hungersnot. Exemplarisch für die Doppelungen soll an dieser Stelle genauer auf Gen 37 eingegangen werden. Lux und Offermann haben dies in ihrem Werk zur Bibelwoche sehr anschaulich vertieft.

In Gen 37 bildet die Suche nach den Brüdern in den Versen 12 – 17 eine Art „Spiegelachse". Umhüllt werden die Verse von den beiden Träumen Josefs in V 5 – 11 und den beiden Anschlägen der Brüder auf Josef in V 18 – 29. Auch bei den Träumen und den Anschlägen findet man wieder sehr eindrücklich die Doppelung. Als nächstes sind die Verse 2 – 4 und 30 – 35 in den Fokus zu stellen. Hier wird einerseits (in V 2 – 4) die tiefe Zuneigung Jakobs gegenüber Josef verdeutlicht, andererseits die Tiefe Trauer (in V 30 – 35), welche Jakob empfindet, nachdem Josef nach Aussage der Brüder von einem wilden Tier angefallen wurde. Den Außenrahmen von Gen 37 bilden die Ortsangaben. In Vers 1 wird berichtet, dass Jakob in Kanaan ist. In Vers 36 hingegen ist Josef in Ägypten.[13]

In entsprechender Fachliteratur findet man oft den Hinweis, dass Gen 38, Gen 46,6-27, Gen 48 und Gen 49,1.28 „ursprünglich keine Bestandteile der Josefsgeschichte"[14] waren. Der Gedanke kommt einem beim Lesen der Josefsgeschichte jedoch auch unabhängig der Fachliteratur schnell in den Sinn, da Kapitel 38 beispielsweise, meiner Ansicht nach den Lesefluss erheblich stört. Einer der ersten Impulse ist der Versuch einer Einordnung in den Gesamtzusammenhang der Josefsgeschichte, welcher jedoch meistens leider erfolglos verläuft.

---

[12] https://www.bibelwissenschaft.de/wibilex/das-bibellexikon/lexikon a.a.O.
[13] Lux, Rüdiger und Offermann, Kerstin: ...damit wir leben und nicht sterben, S. 22 ff
[14] Ebd. S. 20

2.3. Historische Gegebenheiten bei der Entstehung der Josefsgeschichte

Die meisten Menschen werden auf die Frage, wer den Pentateuch verfasst hat, möglicherweise mit Mose antworten. Es wird einem durch den Begriff „1. – 5. Buch Mose" quasi auch implizit indoktriniert. Diese Vorstellung wurde in der Wissenschaft in der heutigen Zeit vollständig aufgegeben. Es haben sich verschiedene Hypothesen herausgebildet, welche erklären sollen, wie der Pentateuch damals entstand.

Zunächst gibt es die Grundschrifthypothese. Diese meint, dass der Pentateuch ursprünglich ein Werk eines Autors war, welches dann erweitert, erklärt und ergänzt wurde. Des Weiteren gibt es die Fragmentenhypothese, welche besagt, dass die Pentateucherzählung aus einzelnen Texten, d.h. Fragmenten bestand, welche im Nachgang zu einem Werk zusammengefasst wurden. Die dritte Hypothese ist die Urkundenhypothese, die davon ausgeht, es gab mehrere Quellen (somit auch mehrere Autoren) die zu einem Werk zusammengefasst wurden.

Die von Julius Wellhausen (1844 – 1918) genannte „Neuere Urkundenhypothese" bringt die Meinung mit sich, im Pentateuch gäbe es vier voneinander unabhängige Redaktoren: den Jahwisten (J), den Elohisten (E), die Priesterschrift (P) und das Dtn (D). Ich werde in den folgenden Abschnitten das Deuteronomium auslassen, da dies das „fünfte Buch Mose" ist und somit weit nach der Josefsgeschichte zu finden ist. Gertz beschreibt die Zusammenfügung als Einbau des Elohisten in den Jahwisten um 722 v. Chr. (nachdem das Nordreich unterging). „Das so entstandene jehowistische Werk (JE) sei dann in nachexilischer Zeit in die Priesterschrift integriert worden."[15] Auch die Jahreszahlen, wann die Redakteure ihre Quellen niederschrieben, bringen uns leider bei der Frage nach den historischen Gegebenheiten nicht entscheidend weiter: So wurde der Jahwist um 950 v. Chr., der Elohist um 800 v. Chr. und die Priesterschrift um 550 v. Chr. verfasst.[16]

Die Frage, wann Josef gelebt hat ist leider nicht eindeutig zu beantworten. Stützen wir uns hierbei nur auf die Heilige Schrift, lesen wir in 1 Kön 6,1: „Im vierhundertachtzigsten Jahr nach dem Auszug der Israeliten aus Ägypten, [...] begann er das Haus des Herrn zu bauen."[17] Salomo baute den Tempel um 950 v. Chr., somit müsste der Auszug etwa im Jahre 1430 v. Chr. gewesen sein.[18] Da wir aus der Bibel bereits wissen, dass Josef zu

---

[15] Gertz, Jan Christian: Grundinformation Altes Testament, S. 200
[16] Ebd. S. 187 ff.
[17] Einheitsübersetzung: Die Bibel, 1 Kön 6,1
[18] http://www.bibelwissenschaft.de/bibelkunde/themenkapitel-at/der-tempel/

diesem Zeitpunkt nicht mehr gelebt hat, müssen wir hier entsprechend einige Jahre weiter in die Vergangenheit gehen. Hierzu schreibt Ehrlich in seiner Geschichte Israels, dass man nach derzeitigem Stand der Forschung den Verbleib der Hebräerfamilien (zu welcher man auch die Jakobsippe zählen kann) in direkter Beziehung zur Hyksosbewegung (ca. 1720 – 1550 v. Chr.) setzen darf. Weiter vermutet Ehrlich, dass „es ihnen gut ergangen sei, solange die Hyksos die Herrschaft ausübten (also bis ca. 1570 v. Chr.)."[19] Erst als mit der 18. Dynastie die Ägypter die Herrschaft zurückerlangten, wurden Fremde versklavt. In Ex 1,8 wird angemerkt, es kam „ein neuer König an die Macht, der Josef nicht gekannt hatte."[20] Dies kann ebenfalls als Hinweis darauf gesehen werden, dass es sich hierbei um die 18. Dynastie handelt.[21]

Wenn wir den historischen Hintergrund genauer beleuchten wollen, müssen wir bereit sein, mehrere Meinungen nebeneinander bestehen zu lassen. Westermann erklärt in seinem Werk sehr eindrücklich, dass einerseits die Meinung bestehe, die Josefsgeschichte sei ein „Königsmärchen", andererseits wird es als „Familiengeschichte" beschrieben.

Des Weiteren können wir Bezeichnungen wie „Novelle", „Legende" und „Märchen-Novelle" finden, was bereits andeutet, dass es hierzu viele unterschiedliche Auffassungen gibt, von denen ich keine als richtig oder falsch kategorisieren möchte, da sie alle in gewisser Hinsicht ihre Daseinsberechtigung durch gut geführte Argumentationen haben.[22] Die Person Josef lässt sich weder widerlegen, noch beweisen. Schmitz vertritt die Auffassung, dass es sich um eine literarische Erzählung handelt, welche aus einer Zeit im Exil oder nach dem Exil stammt. Das würde auch erklären, wieso die Josefserzählung stark von den Diasporaerfahrungen und den Erzählungen über das Leben im Exil geprägt ist. Die Josefsgeschichte bildet einen starken Kontrast zu den Bibelstellen, welche das Exil beklagen. Als Beispiel kann hier der Psalm 137 dienen, welcher die Diasporaerfahrungen beklagt, beweint und bedauert.[23] In der Josefsgeschichte wird das Gegenstück hierzu ersichtlich, Josef steigt in der Diaspora auf, wird geschätzt und geehrt. Aus dem Hintergrund der exilischen und nachexilischen Zeit ist Gen 37 – 50 ausgesprochen gut dafür geeignet, Menschen in dieser Situation Hoffnung und Mut zu vermitteln, Trost zu spenden und den Glauben und das Vertrauen in Gott zu festigen.

---

[19] Ehrlich, Ernst Ludwig: Geschichte Israels, S. 13
[20] Einheitsübersetzung, a.a.O. Ex 1,8
[21] Ehrlich, a.a.O. S. 12 ff
[22] Westermann, Claus: Genesis 12-50, S. 56 ff
[23] Schmitz, Barbara: Geschichte Israels, S. 138 f

3. Die Josefsgeschichte

3.1. Textvorstellung

Aufgrund der Tatsache, dass sich diese Hausarbeit auf eine geringe Seitenanzahl beschränkt, soll hier nur eine sehr oberflächliche Angabe des Inhalts gegeben werden. Zudem geht der Autor dieser Arbeit davon aus, dass dem Leser die Josefsgeschichte bekannt ist und es daher einer expliziten Vorstellung des Textes nicht bedarf. Um sich die Josefsgeschichte nochmals bildlich ins Gedächtnis zu rufen, erwähne ich im Folgenden die wichtigsten Punkte:

Jakob lebt in Kanaan und hat 12 Söhne. Davon ist Josef sein Lieblingssohn, Jakob schenkt ihm ein schönes, buntes Kleid. Josef träumt, dass Garben geerntet werden, seine sei die größte und die anderen Garben der Brüder verbeugen sich vor seiner. Kurz darauf träumt er, dass die Sterne, der Mond und die Sonne sich vor ihm verbeugen. Das Erzählen der Träume schürt bei den Brüdern weiteren Hass gegen Josef.

Als die Brüder die Tiere hirten, wird Josef von seinem Vater zu ihnen geschickt. Die Brüder fassen den Entschluss ihn zu töten und in eine Zisterne zu werfen. Ruben meint, man solle ihn nicht töten, nur in die Zisterne, welche nicht mit Wasser befüllt war, werfen. Sein Kleid entreißen sie ihm, beschmieren es mit Blut eines Ziegenbocks und lassen es dem Vater bringen mit der Information, Josef sei durch ein wildes Tier umgekommen. Indessen zog eine Karawane Richtung Ägypten an den Brüdern vorbei und sie entschließen, auf Judas Vorschlag hin, Josef gegen 20 Silberstücke an sie zu verkaufen (hier liegen zwei unterschiedliche Versionen in Gen 37 vor, für eine bessere Verständlichkeit habe ich hier absichtlich nur eine davon in den Fokus gefasst). Jakob trauerte ausgiebig um Josef, welcher in der Zwischenzeit von der Karawane an Potifar, des Pharaos oberster Leibwächter, verkauft wurde. Kapitel 38 wird bewusst außen vorgelassen. Alles was Josef macht, gelingt ihm und so wird er schnell zum persönlichen Diener Potifars erhoben. Es wird darauf aufmerksam gemacht, dass dies durch Gottes Willen gelingt. Potifars Frau versuchte Josef zu verführen, welcher sich jedoch vehement weigerte. Sie fasste daraufhin einen bösen Racheplan und hielt Josef am Kleid fest, woraufhin er sich wieder weigerte, sein Kleid jedoch dabei verlor. Potifars Frau erzählte den restlichen Dienern und auch Potifar, dass die Verführung von Josef ausging und sie sich wehrte.

Daraufhin wurde Josef ins Gefängnis geworfen. Auch im Gefängnis hatte Josef bald eine gute Stellung, da ihm durch Gottes Beistand alles gelingen wollte. Sowohl der Mundschenk, als auch der Bäcker den Josef im Gefängnis bediente hatten Träume, welche Josef ihnen mit Hilfe Gottes deutete. So sollte der Mundschenk wieder erhoben werden und sich „zum Lohn" für Josefs Deutung an ihn erinnern und beim Pharao ein gutes Wort für ihn einlegen. Dieser jedoch vergaß Josef (vorerst).

Zwei Jahre später träumte der Pharao in einer Nacht zwei merkwürdige Träume: Sieben fette Kühe wurden von sieben mageren gefressen und sieben dicke Ähren wurden von sieben dünnen Ähren verschlungen. Keiner der Traumdeuter konnte den Traum für den Pharao befriedigend deuten. Da erinnerte sich der Mundschenk an Josef, welcher aus dem Gefängnis geholt wurde, sich neu einkleidete und dem Pharao die Träume deutete. Er meinte die Träume bedeuten, dass nun sieben ertragreiche Jahre kommen, worauf sieben Hungerjahre folgen werden. Der Pharao solle nun Vorräte anlegen. Bevor Josef jedoch die Träume deutete, machte er unmissverständlich klar, dass nicht er es war, der sie deutet, sondern Gott. So war der Pharao begeistert von Josef und war sich sicher, dass ein Mann der so viel Beistand Gottes erhält, der Richtige sei um der zweite Mann (nach dem Pharao) in Ägypten zu sein.

Somit bekam Josef einen ägyptischen Namen, heiratete die Tochter Potiferas und wurde somit gänzlich in das ägyptische Volk integriert. Als die Hungersnot eintraf, traf sie auch in den umliegenden Ländern ein. Josef aber verkaufte das zuvor angesammelte Korn. Jakob schickte seine Söhne nach Ägypten, denn auch bei ihnen herrschte Hungersnot. Benjamin jedoch, der jüngste der Söhne, sollte nicht mitgehen. Die zehn Brüder erkannten Josef nicht, er sie aber schon. Er unterstellte ihnen, sie seien Kundschafter und sollen ihm zum Beweis, dass sie es nicht sind, ihren jüngsten Bruder bringen, ansonsten wird er ihnen keinen Glauben schenken. Solange bleibt einer der Brüder, Simeon, zum „Pfand". Die Brüder sagten untereinander, dass dies nun ihre Schuld sei, da sie damals an Josef gesündigt hatten. Josef aber verstand die Brüder und begann zu weinen. Er legte ihnen die Goldstücke zurück in die Säcke und schickte sie heim.

Jakob wehrte sich zuerst vehement dagegen, seinen Jüngsten mit ihnen ziehen zu lassen, musste dem durch die weitere Hungersnot jedoch zustimmen. Beim zweiten Treffen ließ Josef ein Mahl anrichten um mit seinen Brüdern zu speisen. Nachdem sie alle miteinander gespeist hatten, versteckte Josef seinen silbernen Becher, gefüllt mit Geldstücken, in Benjamins Sack. Nachdem er sie fortziehen ließ, schickte er Diener hinterher, den zu holen, bei dem der Silberbecher gefunden wird. Es wurde den Brüdern auch mitgeteilt, dass alle, bis auf den, der den Becher in seinem Besitz hat, gehen dürften. Somit testete Josef, ob die Brüder gleich handeln würden wie bei ihm. Juda ergriff das Wort für Benjamin und setzte sich so für ihn ein, dass Josef sich den Brüdern zu erkennen gab. Er war nicht nachtragend und gab den Brüdern viele Gaben mit, sie sollen den Vater nach Ägypten bringen. Die Brüder berichteten dem Vater von der Reise und er kam mit ihnen und dem Rest des Volkes Israel, seiner Nachkommen (70 an der Zahl), nach Ägypten. Auf der Reise wird er nochmals von Gott bestärkt, dass er das Richtige tue und nach Ägypten ziehen soll. Jakob und Josef treffen aufeinander und Jakob meint, nun könne er sterben.

Er segnete alle seine Söhne mit einem individuellen Segen und wird in seiner Heimat begraben. Die Brüder haben nochmals kurz Furcht vor Josef und denken, dieser könnte ihnen ihre alte Schuld nachtragen. Dieser jedoch hat es längst verziehen. Er stirbt in Gen 50 ebenfalls und bittet um die Bestattung seiner Gebeine in dem Land, welches seinem Vater und den anderen Vorfahren von Gott versprochen wurde.[24]

3.2. Kontextuelle Einordnung / Erzählerische Linienführung

Die Josefsgeschichte wird konkret in Gen 37-50 erzählt. Sie ordnet Josef „in das System der „Geschlechterfolgen" (תּוֹלְדֹת *tôledôt*) ein"[25], was durch Gen 37,2 deutlich wird. Die Vorstellung der Geschlechterfolgen gliedert die gesamte Genesis und zieht sich durch sie hindurch. Es beginnt mit der Schöpfung (Gen 2,4a). Weitere Geschlechterfolgen sind Adam (Gen 5,1), Noah (Gen 6,9), Noahs Söhne (Gen 10,1), Terach (Gen 11,27), Isaak (Gen 25,19) und schlussendlich Jakob (Gen 37,2) und dessen Söhne. Einer von Jakobs Söhnen ist, wie bereits bekannt, Josef. Die genealogische Einbindung ist jedoch nicht die einzige, welche die Figur Josef in Gen 37-50 erfährt.

Es gibt sowohl davor, als auch danach Bibelstellen, welche unbedingt zur Josefsgeschichte gehören. Die Bibelstelle, welche als Vorgeschichte genannt werden muss, ist Gen 30,22-24, in der über Josefs Geburt berichtet wird. Rahel, die Mutter Josefs, gebar lange Zeit keine Kinder, umso freudiger war sie, als Gott ihr ihre „Schande" genommen hat. Meiner Ansicht nach gehören ebenso die Kapitel Gen 29-35 in den Kontext der Josefsgeschichte.

---

[24] Stuttgarter Erklärungsbibel, S. 57 ff
[25] https://www.bibelwissenschaft.de/wibilex/das-bibellexikon/lexikon a.a.O.

Durch diese Bibelstellen kann man die Josefsgeschichte erst sinngemäß durchdringen, da sie einige Stellen aus Gen 37-50 näher erläutert (z.b. warum Jakob Rahel mehr liebte und somit auch Josef sein Lieblingssohn war). In Gen 35,23-26 wird zudem erläutert, welche Frau Jakobs ihm welchen Sohn gebar, wodurch der Gesamtzusammenhang der Josefsgeschichte nochmals durchschaubarer wird. Lea, Jakobs erste Frau und Cousine gebar ihm sechs Söhne und eine Tochter: Ruben, Simeon, Levi, Juda, Issachar, Sebulon und Dina. Leas Magd, Silpa, gebar Jakob die Söhne Gad und Ascher. Jakobs zweite Ehefrau und Schwester Leas, Rahel, bekam nur zwei Söhne: Josef und Benjamin, der jüngste der zwölf Söhne. Bilha, Rahels Magd brachte die beiden Söhne Dan und Naftali zur Welt.

Die Bibelstellen, die man nach der Josefsgeschichte dieser noch zuordnen sollte sind Ex 13,19 und Jos 24,32, welche uns über Josefs Bestattung berichten.[26]

Als Voraussetzung für die Exoduserzählung gilt die Ansiedlung Jakobs und seiner Anhänger in Ägypten, welcher durch Gen 46,5-7 der Weg geebnet wird. Die Josefsgeschichte gilt als „literarische Brücke"[27] zwischen den Ursprungserzählungen (die Erzelternerzählungen) und den Exodusgeschichten. So verwundert es nicht, dass Josefs Geburt und seine Bestattung, wie bereits erwähnt, nicht in der Josefsgeschichte zu finden sind, sondern bereits davor, bzw. danach.[28]

3.3. Textkritik / Übersetzungskritik und eigene Beobachtungen

Beim Lesen des Textes fällt an einigen Stellen auf, dass sich die Angaben etwas widerspre-chen, was darauf hindeutet, dass die These, dass es mehrere Autoren gab, möglicherweise stimmen könnte. Die erste Auffälligkeit ist die Verwendung des Namens Israel für Jakob. Diese Auffälligkeit erklärt sich sehr schlüssig, wenn man den Kontext in Gen 35, 10 beachtet. Demnach rücken die verschiedenen Bezeichnungen in Gen 37 in den Fokus. Zum einen wird die Karawane als Ismaeliten, zum anderen als midianitische Kaufleute bezeich-net. Ebenso verkaufen die Brüder Josef der einen Gruppe, bei der anderen wird er aus der Grube geholt, ohne Kenntnis der Brüder.

Der nächste, meiner Auffassung nach, sehr irreführende Aspekt ist der, dass sowohl Jakob, als auch Josef ein Alter erreicht haben sollen, welches für diese Zeit, in der die Josefsge-

---

[26] Ebd.
[27] Schmitz a.a.O., S. 138
[28] Ebd. S. 138-139

schichte gehandelt haben soll, absolut untypisch ist. Das dies kein Übersetzungsfehler sein kann, wird durch Gen 50, 22-23 deutlich: „Josef blieb in Ägypten, er und das Haus seines Vaters. Josef wurde hundertzehn Jahre alt. Er sah von Efraim noch Söhne der dritten Generation. [...]"[29]

4. Interpretation des Textes und exegetische Betrachtungen

Als sehr prägnanter Teil der Josefsgeschichte fallen die Träume besonders auf. Diese werden auch gerne in der Primarstufe als Einleitung oder zur besseren Darstellung der Josefsgeschichte genutzt. Um die Josefsgeschichte schlüssig durchdringen zu können, ist es essenziell, den Begriff „Traum" richtig einordnen zu können.

Ein Traum gehört zum menschlichen Leben dazu. Relevant in religiöser Hinsicht ist hier jedoch nur der Traum, an den man sich nach dem Aufwachen erinnert. In der Josefsgeschichte haben wir nur mit dieser Art von Träumen zu tun. Der Traum wird als Offenbarungsmittel verstanden und enthält eine göttliche Botschaft.[30] „Die große Bedeutung der Träume [...] verlangt nach Entschlüsselung und Erklärung."[31] Es gibt zwei verschiedene Arten von Träumen. Die einen sind sog. Botschaftsträume, welche vom Träumenden selbst gedeutet werden können, da die enthaltene Botschaft quasi unmissverständlich ist. Die zweite Form sind die Rätsel-Träume. Diese Form von Träumen ist es, welche wir in der Josefsgeschichte finden können.[32]

Da sich die Träume erfüllen, sofern sie als Offenbarungsmittel gelten, ist demnach auch nachvollziehbar, weshalb sowohl Jakob, als auch die Brüder, nicht erfreut waren über die Träume Josefs. Durch den Wurf Josefs in die Zisterne wurde versucht, das „Wahrwerden" der Träume zu unterbinden.

Um die komplette Josefsgeschichte in eine übersichtliche Gliederung zu bringen, eignete sich die von Rüdiger Lux verwendete Tabelle so exzellent, dass ich diese an dieser Stelle einfügen möchte. Es gibt kaum etwas hinzuzufügen, da die Tabelle die Gliederung meiner Einsicht nach bereits hervorragend darstellt.

---

[29] Einheitsübersetzung, a.a.O. Gen 50, 22-23
[30] Görg, Manfred und Lang, Bernhard: Neues Bibel-Lexikon, S. 919 f
[31] Kasper, Walter: Lexikon für Theologie und Kirche, Zehnter Band, S. 203
[32] Ebd. S. 205

Aufbau der Josefserzählung				
Exposition 37,1-36 (38,1-30)	**I. Hauptteil** 39,1 - 41,57	**II. Hauptteil** 42,1 - 47,28	**III. Hauptteil** 47,29 - 50,14	**Schluss** 50,15-26
Der Konflikt mit den Brüdern	Dreifacher Aufstieg:	Drei Reisen der Brüder:	Vorbereitungen auf Jakobs Sterben, sein Tod und Begräbnis	50,15-21: Vergebung und Versöhnung
	39,1-19: im Hause Potifars	42,1-38: 1. Reise		50,22-26: Josefs Tod
	39,20 - 40,23: im Gefängnis	43,1 - 45,27: 2. Reise		
	41,1-57: am Hofe des Pharao	45,28 - 47,28: 3. Reise		

[33]

Die Josefsgeschichte im Ganzen kann als Meisterstück der Literatur angesehen werden. Aber auch in ihrem theologischen Ertrag ist die Josefsgeschichte äußerst beeindruckend. So kann man einige theologische Aussagen erst nach mehrmaligem Lesen greifen. Wie bereits in Kapitel 2.3 näher erläutert, gibt es viele Stimmen, die sich für die traditionelle-, oder die neue Urkundenhypothese aussprechen. Die Indizien dafür wurden bereits hinreichend erläutert. Jedoch gibt es auch genügend Stimmen, welche die Auffassung teilen, dass diese Theorie genau an der Josefsgeschichte zu scheitern vermag.[34] Durch die thematische und die formale Geschlossenheit von Gen 37 – 50 fällt es einem schwer, die Auffassung, dass dieses literarische Kunstwerk von mehreren Menschen geschrieben und in so harmonischer Form zusammengefügt wurde, zu vertreten. Andererseits sprechen viele unterschiedliche stilistische Mittel in der Josefserzählung gegen einen einzigen Autor. Die Josefsgeschichte ist ein Musterbeispiel für eine Erzählung, die mehrmals ein retardierendes Moment einzubringen weiß. Oftmals ist das retardierende Moment eine der Dubletten, welche weiter oben bereits exemplarisch aufgezählt wurden.[35] Man könnte diese Doppelungen durchaus noch ergänzen, worauf an dieser Stelle jedoch aus platztechnischen Gründen verzichtet wird.

Man kann die Josefsgeschichte in direkten Zusammenhang mit weiteren Erzählungen aus dem Alten Testament bringen. Josef ist nicht der einzige Bruder, welcher bevorzugt wird, die Eifersucht eines anderen Bruders schürt und dessen Geschichte mit Hass und einem Gewaltverbrechen seitens des Bruders / der Brüder einen weiteren Verlauf einnimmt (Kain und Abel). Außerdem kann man die Frau Potifars mit der Schlange in der

---

[33] https://www.bibelwissenschaft.de/wibilex/das-bibellexikon/lexikon a.a.O.
[34] Lux, Offermann a.a.O. S. 16
[35] Gertz a.a.O. S. 272 ff

Paradieserzählung gleichsetzen, da sie beide als Symbol für die Verführung stehen, auf welche Josef sich nicht eingelassen hat.[36]

Bemerkenswert an der Josefsgeschichte ist ebenfalls, dass Gott selbst nur einmal offensichtlich präsent ist, nämlich an der Stelle, als er sich Jakob mitteilt. Und doch ist Gott in der Josefsgeschichte nie abwesend. Dies zeigt sich jedoch erst in den hinteren Kapiteln eindeutig.

So wird in Gen 37 ein Konflikt angesprochen, welcher auch in der modernen Welt noch täglich in vielen Familien kleine Tragödien auslöst. Das Thema der Eifersucht unter den Geschwistern und der Bevorzugung einzelner, auch heute noch öfters der Spätgeborenen, ist seit jeher gegenwärtig. Gerade weil die Josefsgeschichte mit einem so weltlichen Aspekt startet, gilt sie bei den meisten Lesern von Beginn an als interessant. Sofern einem die Josefsgeschichte nicht bekannt ist und man nur Kapitel Gen 37 gelesen hat, ist es noch nicht manifest, ob es sich um Zufall, göttliche Fügung oder möglicherweise sogar „dunkle Mächte"[37] handelt. Auf der einen Seite passieren Josef viele Unglücksfälle, exemplarisch hierfür der Anschlag der Brüder auf ihn. Auf der anderen Seite hat er aber auch oft Glück, wenn man dies an dieser Stelle noch so nennen mag, da er theoretisch bereits an der Zisterne hätte zwei Mal sterben können (sofern die Brüder ihn vorher getötet hätten oder aber Wasser in der Grube gewesen wäre). Als Leser, welcher das Kapitel Gen 37 zum ersten Mal liest, könnte man eventuell an dieser Stelle durchaus die Theodizee-Frage stellen, sofern man Gen 37 aus theologischer Sicht interpretieren und analysieren sollte. Das dies jedoch absolut nichts damit zu tun hat, wie man die Josefsgeschichte tatsächlich aus theologischer Sicht bewerten könnte, wird im Laufe der nächsten Kapitel sehr eindrucksvoll gezeigt. Jedoch fällt einem schon hier auf, dass die Josefsgeschichte bereits am Anfang ein Wechselbad von Hoch- und Tiefpunkten darstellt und der Protagonist von einer Sekunde zur nächsten eine komplette Wende seines Ist-Zustandes erleben kann.

In Kapitel 39 ist hervorstechend, dass der Name JHWH verwendet wird. Ansonsten kann man ihn in der kompletten Josefsgeschichte nicht finden. Auch ist hier erwähnenswert, dass nicht Josef selbst den Namen JHWH nennt, sondern der Erzähler. Josef spricht weiterhin von Gott. Dieses Kapitel zeigt uns beachtlich, dass JHWH sein Volk auch in der Ferne niemals alleine lässt, sofern man sich an seine Weisungen hält, was Josef (beispielsweise beim Widersetzen gegenüber dem Willen von Potifars Frau) auch macht.

---

[36] Kraft, Friedhelm: Josef in: Zimmermann, Mirjam / Zimmermann, Ruben (Hrg.): Handbuch Bibeldidaktik, S. 305 ff
[37] Lux, Offermann a.a.O. S. 28 f

„Dass Gott „mit Josef ist", ist eine der wenigen ausdrücklichen Aussagen über Gott in der Josefsgeschichte. Gottes Mitsein (sic!) ist nicht etwa selbstverständlich, sondern erwähnenswert."[38] Josef hat sich den Beistand Gottes nicht erarbeitet oder auf sonstige Weise eingefordert. Es ist ersichtlich, dass Gott sich Josef ausgesucht hat, um bei ihm zu bleiben und ihm beizustehen, ob in guten-, oder auch in schlechten Zeiten. So erklärt es auch, dass Gott selbst an Plätzen, welche womöglich als gottverlassen wirken könnten, bei Josef ist. So lässt er ihn in der Grube nicht alleine, er lässt ihn im Gefängnis nicht alleine und er lässt ihn auch in Ägypten, was damals durchaus als „gottloses" Land galt, nicht alleine. Durch Gottes Heilswirken auf Josef will ihm alles gelingen. Von Gott selbst werden ihm die Träume geschickt, Gott selbst ist es, der Josef die Träume der anderen deuten lässt und Gott selbst ist auch der, der die „unsichtbaren Fäden" in der Hand hält und dafür sorgt, dass Josef am Ende doch mehr-, oder minder unbeschadet aus der Angelegenheit entkommt. Dies soll nicht bedeuten, dass Josef ein sorgenfreies Leben hatte, denn das hatte er zweifelsohne nicht. Aber ohne die Fügung Gottes hätte all dies eine ganz andere, höchstwahrscheinlich unerfreulichere, Wende genommen.

Gen 40 zeigt uns, dass jemand auch unschuldig in Situationen gelangen kann, welche er so nicht verdient hat. Hierbei spiele ich nicht nur auf den Obermundschenk an, welcher unschuldig im Gefängnis sitzt, auch Josef hat nichts Unrechtes getan, wodurch er wieder in die Grube (ins Gefängnis) geworfen worden ist. Da Gott ihn aber auch in dieser Situation nicht verlassen hat, kann er die Misere der beiden Gefangenen schnell erkennen und ihnen durch die durch Gott gegebene Fähigkeit helfen. Er bat den Obermundschenk nur um einen Gefallen, dass er ihn nicht vergesse, sobald er wieder vor dem Pharao stehe. Leider hat der Obermundschenk genau dies getan. Ohne die mysteriösen Träume des Pharaos, welche ihm keiner recht deuten konnte, hätte sich der Obermundschenk womöglich nie an Josef zurückerinnert. Man kann sagen, dass Josef immer dann verlassen wird, sofern er sich auf seine Mitmenschen verlässt. Dies sieht man an seinen Brüdern, an Potifar und seiner Frau und am Obermundschenk. Auf Gott jedoch, kann er immer vertrauen. Dies soll auf keinen Fall eine allgemeingültige Empfehlung darstellen, seinen Mitmenschen nicht mehr zu trauen. Es soll nur aufzeigen, dass selbst in den schwierigsten Situationen, in denen sich sogar einige Mitmenschen von uns abwenden, Gott bei uns bleibt.

Möglicherweise gab es auch für Josef Momente, in denen er zu Zweifeln begann. Dies können wir jedoch nur vermuten. Auf unser heutiges Leben bezogen kann uns die

---

[38] Ebd. S. 41

Josefsgeschichte helfen, unser Vertrauen zu stärken. Vertrauen darauf, dass Gott unseren Weg für uns bereits geplant hat, zu unserem Besten, auch wenn es manches Mal nicht den Anschein erweckt.

Ägypten wird in der Josefsgeschichte weder feindselig, noch religiös beeinträchtigend dargestellt. Auch dies stellt eine weitere Besonderheit der Josefsgeschichte dar.

Die Frage der Schuld wird erstmals in Gen 42 thematisiert. Die Brüder gestehen sich ein, am vermeintlichen Tod Josefs Schuld zu sein. Sie sehen die Hürden, mit denen sie jetzt konfrontiert sind, als gottgegeben an, als ihre Strafe für ihr unrechtes Handeln am eigenen Fleisch und Blut, an ihrem Bruder. Jedoch muss man sich an dieser Stelle die Frage stellen, ob es wirklich Gott ist der hier rügt und nicht vielleicht doch das bereits vorhandene schlechte Gewissen der Brüder.

„Denn um Leben zu erhalten, hat mich Gott vor euch hergeschickt."[39] Josef selbst erwähnt den Grund für Gottes Handeln. Er wollte das Leben des Volkes Israels erhalten. So trägt Josef seinen Brüdern keine Schuld nach. Gott sorgt dafür, dass ein Rest auf jeden Fall überlebt. Dies können wir bereits in der Erzählung der Arche Noah feststellen. Auch hier sorgt Gott dafür, dass Jakob und seine Söhne durch Josef in Ägypten einwandern und sich genügend Nahrung beschaffen können. Dies ist eine theologische Aussage, welche als Paradebeispiel dient, um es in die Moderne zu transferieren. Auch wir stehen vor der Aufgabe, jemandem Asyl zu bieten, der Hilfe braucht und sollten unserer Aufgabe genauso wie Josef und die Ägypter gerecht werden.

Des Weiteren kann man in Gen 50,19 erkennen, dass Josef selbst nicht sich, sondern Gott als Richter der Schuld ansieht, indem er fragt: „[…] Fürchtet euch nicht! Stehe ich denn an Gottes Stelle?"[40] Wir wissen, dass Gott den Menschen ihre Sünden vergibt, sofern sie ihre Taten bereuen. Dass die Brüder dies in der Josefsgeschichte taten, bleibt meiner Ansicht nach unumstritten. So können wir zusammenfassend sagen, dass Gott sein heilvolles Wirken in dieser Geschichte eindeutig zum Ausdruck bringt, auch wenn sein Handeln hauptsächlich implizit zu erkennen ist.[41]

---

[39] Einheitsübersetzung a.a.O. Gen 45,5
[40] Ebd. Gen 50,19
[41] Lux, Offermann a.a.O. S. 22 f

5. Zusammenfassung

Zum Abschluss meiner Arbeit möchte ich nochmals meine Grundfrage aus Kapitel eins aufgreifen. Auch wenn sich Gott in der Josefsgeschichte nicht explizit auf den ersten Blick zu erkennen gibt, so ist er doch durchgängig anwesend und weicht Josef nicht von der Seite. Ungefähr so ist die Mensch-Gottes-Beziehung meiner Auffassung nach auch heutzutage und auch zukünftig. Sofern man bereit ist, Gott zu vertrauen, wird dieser einen nicht verlassen. Die Josefsgeschichte ist ein literarisches Meisterwerk, wie hier bereits öfters erwähnt wurde. So lohnt es sich, die Josefsgeschichte unbedingt näher zu betrachten. Rückwirkend kann ich sagen, dass ich froh darüber bin, dass ich einen so spannenden Teil des AT bearbeiten konnte. Die Josefsgeschichte ist eine komplett durchdachte, extrem stilvoll komponierte Novelle, welche einen langen Spannungsbogen besitzt. Zusammenfassend kann man sagen, dass es auch heutzutage noch umstritten ist, wie genau die Entstehung der Josefsgeschichte verlief und wo sie ihren Ursprung fand. Doch genau das rückt die Josefsgeschichte in ein Blickfeld, in dem es dem Leser noch erlaubt ist, seine eigenen Zugänge zu entwickeln und einzubringen. Endgültig abschließen möchte ich diese Hausarbeit mit einem Zitat aus Jos 1,9, welches in meinen Augen sehr treffend Gottes Sicht auf Josef und uns Menschen spiegelt: „Habe ich dir nicht befohlen: Sei mutig und stark? Fürchte dich also nicht und hab keine Angst; denn der Herr, dein Gott, ist mit dir überall, wo du unterwegs bist."[42]

---

[42] Einheitsübersetzung a.a.O. Jos 1,9

6. Literaturverzeichnis

Ehrlich, Ernst Ludwig: Geschichte Israels, Walter de Gruyter & Co., 1980

Einheitsübersetzung: Die Bibel, Verlag Katholisches Bibelwerk GmbH Stuttgart, 2016

Gertz, Jan Christian (Hrsg.): Grundinformation Altes Testament, Vandenhoeck & Ruprecht, 2006

Görg, Manfred und **Lang**, Bernhard: Neues Bibel-Lexikon, Band III O – Z, Benziger Verlag, Zürich 2001

Johannsen, Friedrich: Alttestamentliches Arbeitsbuch für Religionspädagogen, Verlag W. Kohlhammer GmbH Stuttgart Berlin Köln, Stuttgart, 1998

Kasper, Walter: Lexikon für Theologie und Kirche, Zehnter Band, Herder Verlag Freiburg, 2001

Kraft, Friedhelm: Josef in: Zimmermann, Mirjam und Ruben (Hrsg.): Handbuch Bibeldidaktik, Verlag UTB GmbH Mohr Siebeck, Tübingen 2013

Lux, Rüdiger und **Offermann**, Kerstin: ...damit wir leben und nicht sterben, Neukirchener Verlagsgesellschaft mbh Neukirchen-Vluyn, 2013

Lux, Rüdiger: Josef – der Auserwählte unter seinen Brüdern, Evangelische Verlagsanstalt Leipzig, 2014

Schmitz, Barbara: Geschichte Israels, Ferdinand Schöningh Paderborn, 2015

Seebass, Horst: Genesis III Josephsgeschichte (37,1-50,26), Neukirchener Verlag Verlagsgesellschaft des Erziehungsvereins mbH, Neukirchen-Vluyn, 2000

Stuttgarter Erklärungsbibel, Deutsche Bibelgesellschaft Stuttgart, 1992

Westermann, Claus: Genesis 12-50, Wissenschaftliche Buchgesellschaft Darmstadt, 1992

Zenger, Erich u.a.: Einleitung in das Alte Testament, Verlag W. Kohlhammer GmbH Stuttgart, 2008

Internetquellen:

http://www.katholisch.de/video/10364-was-ist-die-bibel
aufgerufen am 30.08.2018 um 11:19 Uhr

http://schule.judentum.de/projekt/Tora.htm
aufgerufen am 01.09.2018 um 07:53 Uhr

https://www.bibelwissenschaft.de/bibelkunde/altes-testament/torapentateuch/genesis-1mose/
aufgerufen am 01.09.2018 um 16:21 Uhr

https://www.bibelwissenschaft.de/bibelkunde/altes-testament/torapentateuch/
aufgerufen am 03.09.2018 um 12:42 Uhr

http://www.bibelwissenschaft.de/bibelkunde/themenkapitel-at/der-tempel/
aufgerufen am 05.09.2018 um 13:29 Uhr

https://www.bibelwissenschaft.de/wibilex/das-bibellexikon/lexikon/sachwort/anzeigen/details/josef-josefsgeschichte/ch/0d7afd33a5bdcf0036e276da4619b3f0/#h5
aufgerufen am 08.09.2018 um 20:17 Uhr

https://www.bibelwissenschaft.de/wibilex/das-bibellexikon/lexikon/sachwort/anzeigen/details/josef-josefsgeschichte/ch/0d7afd33a5bdcf0036e276da4619b3f0/#h7
aufgerufen am 12.09.2018 um 16:50 Uhr
Abbildung:

https://www.bibelwissenschaft.de/stichwort/22800/
aufgerufen am 13.09.2018 um 09:18 Uhr

BEI GRIN MACHT SICH IHR WISSEN BEZAHLT

- Wir veröffentlichen Ihre Hausarbeit,
  Bachelor- und Masterarbeit

- Ihr eigenes eBook und Buch -
  weltweit in allen wichtigen Shops

- Verdienen Sie an jedem Verkauf

Jetzt bei www.GRIN.com hochladen und kostenlos publizieren